AF318410

GÉNÉRAL DE MAUD'HUY

LA MANŒUVRE

ÉTUDE THÉORIQUE

(1911)

PRÉCÉDÉE DU

TESTAMENT MILITAIRE

DU COLONEL DE MAUD'HUY

A SON RÉGIMENT — BELFORT, 27 MAI 1912

PRÉFACE DU COLONEL FEYLER

BERGER-LEVRAULT, ÉDITEURS

NANCY - PARIS - STRASBOURG

Prix net : 1 fr. 50

GÉNÉRAL DE MAUD'HUY

LA MANŒUVRE

ÉTUDE THÉORIQUE
(1911)

PRÉCÉDÉE DU

TESTAMENT MILITAIRE
DU COLONEL DE MAUD'HUY

A SON RÉGIMENT — BELFORT, 27 MAI 1912

PRÉFACE DU COLONEL FEYLER

BERGER-LEVRAULT, ÉDITEURS

NANCY — PARIS — STRASBOURG

LE 35ᵉ PENDANT LA GUERRE

1914		
9 août	Bataille de **MULHOUSE**. . .	
19 août . . .	2ᵉ bataille de **MULHOUSE** (Dornach)	*Colonel* DE MAC MAHON
28 août . . .	La **SOMME** (Harbonnières).	*devenu*
4-7 septembre	L'**OURCQ** (Bouillancy—Acy-en-Multien)	*général*
18 septembre.	L'**AISNE**	
1915		*Colonel*
25 septembre.	**CHAMPAGNE**	DELAPERCHE *tué*
1916		*Colonel*
Février . . .	**VERDUN**	TESSON *tué*
Juillet. . . .	La **SOMME**	*Colonel* ROLLAND
1917		
Avril	Devant **BRIMONT**	

L'ex-régiment du Général DE **MAUD'HUY**
*a la fourragère et est resté le régiment d'attaque
qui y va toujours « gaiement »,
comme le lui a conseillé son chef inoubliable.*

PRÉFACE

Lorsqu'elle parut en 1911 dans la Revue Militaire Générale, l'étude théorique de la manœuvre écrite par le général de Maud'huy, alors colonel, éveilla l'attention des lecteurs militaires par sa claire concision et par la logique des vues qu'elle résumait. A la relire aujourd'hui on s'aperçoit mieux encore combien elle méritait cette attention ; les témoignages de la guerre européenne lui donnent tout son relief, éclairant sa qualité essentielle qui est d'être une œuvre de vérité scientifique.

On me demandera de quel droit j'émets si catégoriquement une opinion, moi qui ne fus qu'un spectateur éloigné d'événements où l'auteur de la brochure fut acteur et grand acteur. Assurément, s'il s'était agi de pure technique de guerre, je n'aurais pas eu l'outrecuidance d'élever la voix à côté de la sienne. Mais il s'agit d'autre chose ; il s'agit des principes généraux supérieurs auxquels une opération mili-

taire doit obéir pour déployer son effet maximum. C'est la théorie de la manœuvre dont il
est question, et cette théorie ne saurait être
dégagée des expériences d'une seule guerre, si
nombreuses qu'elles aient été. Pour être établie
avec certitude, elle doit chercher son fondement
dans l'observation des faits analogues du passé,
empruntés aux périodes les plus diverses. Alors
on a des chances de conclure en connaissance
de cause. Étude d'histoire autant que d'action
pratique, les recherches de cette nature appar-
tiennent à tout esprit désireux d'être renseigné.

Cette remarque n'est pas indifférente à l'objet
des présentes lignes. Elle aboutit, en effet, à
mettre en évidence ce qui constitue surtout, à
mon sens, la valeur profonde de l'écrit du colonel
de Maud'huy, en 1911. Sa théorie a été, à cette
époque-là, soit à la veille du conflit européen,
une conclusion tirée par induction des faits de
guerre antérieurs, observés par lui et par des
auteurs plus anciens, au nombre desquels le
plus éminent, Napoléon. Or, les nouveaux faits,
c'est-à-dire les cinq campagnes annuelles de la
guerre européenne, avec les moyens inédits mis
en œuvre, s'encadrent absolument dans la théorie
tirée du passé. Ils la vérifient souvent jusqu'à
l'évidence, démontrant ainsi sa qualité d'œuvre

*de science solide, donc de vérité, et établissant
que pour l'observation des guerres à venir, elle
reste, à la date actuelle, le critère qui doit per-
mettre d'apprécier avec un maximum de sécurité les résolutions auxquelles de futurs chefs
d'armée s'arrêteront.*

*Une considération importante me paraît jus-
tifier ce jugement. Le général de Maud'huy
définit la manœuvre : « L'art d'employer des
moyens donnés pour l'obtention d'un but voulu. »
Puis il ajoute : « Cette définition très générale
s'applique non seulement à la manœuvre militaire, mais encore à toutes les manœuvres de la
lutte pour la vie ; aussi ne faut-il pas s'étonner
si les principes généraux de la lutte guerrière
sont les mêmes que ceux de toute lutte d'espèce
quelconque ; la guerre en effet n'est qu'un mode
particulier de l'activité humaine. »*

*Rien de plus vrai, mais rien qui ne s'oublie le
plus communément pendant l'intervalle de deux
guerres. Au fur et à mesure que s'éloigne le sou-
venir des combats, on tend à ne plus voir que les
formes extérieures, les procédés techniques ou
mécaniques, et l'on néglige l'essentiel, la connaissance de l'homme, ou mieux de la vie même,
telle que la nature éternelle la manifeste.*

N'omettant aucune de ces obligations dans sa

conception de la manœuvre, le général de Mau-
d'huy a pu formuler une définition qui résiste
au temps et aux événements nouveaux. Il n'est
pas jusqu'au procès si débattu de la défensive et
de l'offensive à tous crins, legs de la guerre de
1870, et qui, pendant le conflit européen, a
continué à diviser parfois les chefs d'écoles,
qu'elle ne domine, car il relève lui aussi de l'ap-
préciation des moyens beaucoup plus que d'une
opposition de principes. D'autre part, si l'on
examine la technique des armements et que l'on
pénètre dans le vaste domaine des inventions
scientifiques, on constate derechef que l'auteur
a jugé d'assez haut, embrassant du regard un
horizon assez étendu, pour que même, par
exemple, des phénomènes aussi imprévus que
l'emploi, à titre normal et constant, du tir indi-
rect favorisé par le développement de l'aviation
et du téléphone, trouvent place dans sa formule
et y rendent hommage.

Mais encore une fois, ce à quoi il importe de
songer avant tout et en tout temps, avant comme
pendant la guerre, c'est à la préparation du
moyen le plus constant et le plus efficace :
l'homme, le soldat. Ainsi l'entend le général de
Maud'huy, et de là le Testament Militaire qui
fait suite à la Théorie. Ce testament par lequel

l'auteur fait héritier de ses principes d'instruction son ancien régiment de Belfort, met surtout en lumière les conditions de l'éducation morale de la troupe. Car sans cette éducation, pas de manœuvre possible, puisque celle-ci est fondée uniquement sur la certitude du chef que ses hommes, animés d'un moral qui cimente leur commune résolution, tiendront ou attaqueront suivant l'ordre donné.

Toute la guerre a démontré combien l'armée française avait été pénétrée de l'importance de ce facteur. Il a racheté, non sans douloureux sacrifices, maintes insuffisantes techniques. Il s'est affirmé par la valeur du soldat national qui a supporté des pertes qu'aucune armée de métier n'aurait supportées. Si ce soldat a surmonté toutes les vicissitudes de la guerre, sans perdre jamais l'espoir, c'est qu'en étroite union de sentiment avec ses chefs, dans lesquels il s'est reconnu lui-même, il a su pourquoi eux et lui se battaient. Il a compris dès lors que le triomphe de sa cause et sa propre victoire dépendraient de sa constance, du dévouement de tous poussé jusqu'à la mort, et d'une obéissance sans réserve aux commandants de la manœuvre.

Colonel F. FEYLER.

TESTAMENT MILITAIRE

DU

COLONEL DE MAUD'HUY

COMMANDANT LE 35ᵉ

A SON RÉGIMENT

> Tous gaillards, pas de traînards,
> Le 35ᵉ est un fameux lascar !

———

MON CHER BOYER RESSÈS,

Je vous quitte à regret; je désirerais que vous ne m'oubliiez pas trop vite. Pour cela, je veux vous léguer, en partant, quelques remarques, fruits de notre collaboration et de notre travail commun.

I

Pendant le temps trop court où j'ai eu le plaisir de vous commander, je n'ai eu que des satisfactions. Jamais une histoire, jamais une réclamation, pas de fautes graves, pas un sous-officier n'a été rétrogradé ou cassé.

A quoi cela a-t-il tenu? A votre excellent esprit militaire, à votre sentiment du devoir. Vous avez su supporter mes défauts, vous plier à mes idées, à mes désirs. De mon côté, j'ai toujours été convaincu que le supérieur doit respecter la personnalité de ses subordonnés; ceux-ci ne remplissent jamais évidemment son idéal absolu. Mais nous devons nous servir de nos subordonnés tels qu'ils sont, en utilisant leurs qualités et même leurs défauts qui, souvent, ne sont que des exagérations de qualités.

Efforçons-nous de commander et d'obéir avec bonne humeur; l'homme de mauvaise humeur et l'homme en colère sont des malades, donc des êtres de qualité momentanément inférieure.

Soyons toujours polis avec nos inférieurs; quand on est poli on élève ceux à qui on s'adresse, quand on est grossier on se rabaisse soi-même.

Vis-à-vis du supérieur, l'impolitesse est une faute contre la discipline; vis-à-vis de l'inférieur, elle est, en outre, une lâcheté.

La politesse seule rend supportable la dureté d'un reproche.

Parlons toujours doucement, ce qui n'empêche pas de parler avec fermeté; en donnant des ordres, en faisant des observations sur un ton trop élevé, on affole les subordonnés, on les pousse eux-mêmes à crier, on enfièvre le service.

Punir n'est pas seulement un droit; c'est surtout un devoir, souvent pénible, mais auquel on n'a pas le droit de se dérober.

L'homme puni doit se rendre compte que ce n'est pas nous qui le punissons, mais la loi et les règlements dont nous sommes les représentants.

Ne punissons jamais dans un moment d'irritation; en général, attendons au lendemain pour fixer la punition. Entendons celui qui a fait une faute et recherchons de bonne foi, avec lui, les circonstances qui peuvent être atténuantes.

Quand nous sommes sûrs d'avoir affaire à un mauvais sujet inaccessible aux bons procédés, frappons, frappons sans relâche, jusqu'à ce qu'il change ou disparaisse. Efforçons-nous de ne jamais laisser deux mauvais sujets réunis, car, pour les mauvais comme pour les bons, l'union fait la force.

Ne faisons jamais de reproches à un gradé

devant ses subordonnés; en le diminuant à leurs yeux, nous diminuerions le principe d'autorité.

Ne doutons jamais sans raison de la parole d'un de nos subordonnés, ce serait une injure gratuite. Si nous nous apercevons qu'il nous a menti, nous aurons le droit de le punir, d'autant plus sévèrement que nous lui aurons montré plus de confiance.

Ne cherchons pas à nous faire aimer de nos inférieurs, mais à nous faire estimer d'eux. D'ailleurs, si nous les aimons, ils nous aimeront d'eux-mêmes.

Nos inférieurs ont droit à la justice absolue, faisons tous nos efforts pour la leur donner.

Ne cherchons pas à inspirer à nos subordonnés la terreur, mais la confiance : qu'ils ne craignent pas, mais désirent la présence du chef.

Couvrons-les toujours quand ils ont exécuté ou cru exécuter nos ordres.

Pas d'exigences inutiles. Le Français n'aime pas à être perpétuellement ennuyé pour des vétilles. Mais ce que nous exigeons, exigeons-le d'une façon absolue et continue. Surtout, faisons saisir à nos inférieurs le pourquoi de nos exigences; faisons-leur comprendre que la discipline est nécessaire, non seulement pour le service, mais pour le bien de chacun.

Un colonel ne commande pas 3.000 hommes, un chef de bataillon, 1.000, un capitaine, 250. Le colonel commande trois bataillons, le commandant quatre compagnies, le capitaine quatre sections, le chef de section quatre escouades. Ne l'oublions pas.

Instruisons nos subordonnés directs et commandons par leur intermédiaire; surtout, ne faisons pas leur métier : nous ne ferions pas le nôtre.

II

Ne négligeons pas les exercices de parade, le rang serré, faisons-en peu à la fois, mais exigeons la perfection.

Une troupe belle à la parade a l'orgueil d'elle-même. L'exercice à rang serré développe chez l'homme l'attention qui est une faculté si précieuse, crée chez lui par l'obéissance immédiate au commandement un réflexe qu'on sera heureux de retrouver à la guerre, augmente par la recherche de la perfection la capacité d'effort, développe aussi les qualités de l'instructeur obligé de rechercher continuellement les procédés les meilleurs.

Le mouvement de « garde à vous, repos » est peut-être le plus important, le plus utile de tous. Veillons à ce que la main gauche soit ouverte; cela semble un détail, mais si vous l'exigez vous aurez sûrement des hommes attentifs.

Le salut est enseigné dès les débuts de l'instruction, il en est aussi la terminaison : beaucoup d'hommes saluent correctement, très rares sont ceux qui saluent en beauté; ceux-là sont nécessairement des hommes complètement assouplis et instruits physiquement et moralement; c'est l'élite. On peut dire que le salut est le critérium de l'instruction.

N'allons jamais à l'exercice ou à la manœuvre sans avoir un but absolument défini; au retour, faisons notre examen de conscience et demandons-nous si nous avons obtenu le résultat voulu ou du moins un progrès.

En général, si nous n'avons pas réussi, c'est que : ou bien le but n'était pas assez défini dans notre esprit, ou bien nous n'avons pas assez décomposé. Servons-nous souvent de la montre à secondes pour nos exercices. La recherche de la vitesse est essentielle, car pour arriver à la vitesse on est amené à rechercher la perfection dans l'exécution des détails; tant que cette perfection n'est pas obtenue on n'aboutit qu'à la précipitation qui est l'opposé de la vitesse. La constatation de la vitesse avec la montre est facile. Elle ne prête pas à la discussion, elle donne à un exercice l'aspect d'une lutte, ce qui plaît à nos soldats pétris d'amour-propre.

Rappelons-nous, comme exercice à constatation de vitesse, ceux que nous avons pratiqués ensemble. Démonter et remonter le fusil, faire les sacs, étant au lit se lever et se mettre en tenue de campagne, rompre les faisceaux et remettre sac au dos, repos de manœuvre et repartir, approvisionner en moins de vingt secondes, ouvrir et fermer la culasse dix fois, exécuter dix fois la mise en joue, faire le bond de 50 mètres, transmettre les ordres par plantons, les unités étant disposées en surveillance face à un point, les replacer dans une autre situation, etc...

Pour le tir, rappelons-nous la difficulté mais l'utilité du tir à répétition; dès les premiers tirs d'instruction, faisons tirer en utilisant le magasin; plus tard, exécutons fréquemment des tirs de groupement à durée limitée.

Beaucoup de nos hommes sont arrivés à tirer très bien, tout en tirant très vite (8 à 10 coups en trente secondes), ceux-là conserveront en grande partie leur précision dans le tir de guerre, car ils tireront avec leurs réflexes, que l'émotion n'altérera pas. Les soldats qui tirent bien mais lentement perdront toute précision à la guerre, parce qu'il leur faudrait une attention et un sang-froid qu'ils n'auront plus.

Rappelons-nous qu'à la guerre ce n'est pas le nombre de tireurs qui a de l'importance, mais le nombre de coups ajustés dans une limite de temps donné. Le tir à répétition seul permet l'exécution correct des rafales; il se prête moins que le tir coup par coup au gaspillage des munitions, parce qu'il s'arrête de lui-même après chaque rafale.

Pour la marche, soyons bien persuadés que l'entraînement s'obtient, non par des efforts considérables, mais par des efforts répétés. Quand l'homme de recrue a été entraîné, plus de sacs demi-chargés, plus de sacs avec courroies roulées, toujours le chargement de guerre, quitte à mettre le sac à terre pour une partie de l'exercice quand l'homme doit courir.

Ne jamais faire d'exercices de course, sauf

les bonds de petite amplitude, avec le sac chargé; c'est un éreintement inutile.

Un homme qui porte tous les jours le sac chargé pendant trois heures reste entraîné, il suffit qu'il fasse une fois par semaine une marche sur route supérieure à 20 kilomètres (pour le durcissement des pieds).

Quand notre troupe, sans laisser personne en arrière, fait 28 kilomètres sans grand'halte, ayons l'esprit tranquille, elle fera tout ce qu'on lui demandera.

Les marches de longueur supérieure ne sont qu'une preuve, indispensable au point de vue moral, mais inutile au point de vue de l'entraînement proprement dit.

III

Conservons les « dispositions de combat » et les « dispositions de fin de combat », faisons-les répéter souvent, cela nous évitera des oublis et des préoccupations au commencement et à la fin de chaque manœuvre.

Rappelons-nous que la section combat pour la compagnie, la compagnie pour le bataillon et ainsi de suite.

Ne cherchons pas de succès particuliers, mais, comme au foot-ball, que chacun travaille pour le succès de son équipe. Souvent des fautes de tactique sont des fautes d'abnégation.

Pour que l'équipe travaille en commun, pensons, pensons, pensons toujours à la liaison, envoyons immédiatement nos renseignements et toujours par écrit; le papier et le crayon sont la première arme du gradé. N'oublions pas nos systèmes : des hommes de communication, des flèches, des papiers indicateurs, des postes de commandement, etc...

Sans liaisons, pas de renseignements, pas d'ordres, donc pas de manœuvre.

Gardons-nous loin, très loin; rappelons-nous que l'artillerie peut nous surprendre à 5.000 mètres et au delà, mais rappelons-nous aussi qu'une section à 1.000 mètres de sa compagnie, une escouade à 800 mètres de sa section, une patrouille de combat à 500 mètres de son escouade, ne sont pas isolées; elles s'appuient par leurs feux croisés.

Ne craignons pas au début de nous étaler très largement, nous n'en serons que plus facilement concentrés, où et quand nous voudrons, si les liaisons sont bien maintenues.

Pour progresser sous le feu, aux grandes distances, cherchons à diminuer les pertes par les formations (la ligne d'escouades est généralement la meilleure, elle est dans l'esprit, sinon dans la lettre du règlement, qui veut qu'on combatte en groupe de tirailleurs) et par la vitesse, en faisant des bonds à toute allure, par petits groupes qui s'arrêtent derrière un abri, en se couchant ou en formant la tortue avec les sacs. — Aux distances moyennes, quand notre feu peut commencer à avoir de l'effet, que la marche d'un groupe soit toujours protégée par le feu du groupe voisin qui est à l'affût.

Aux petites distances, et généralement à 600 mètres, la marche par échelons devient impossible. Que la section ou la compagnie qui veut se porter en avant envoie à l'ennemi une bonne rafale de quatre à cinq cartouches par homme pour le forcer à se terrer, puis qu'elle se précipite en avant à toute vitesse. Elle pourra ordinairement faire son bond de 30 à 50 mètres avant que l'ennemi ait pu reprendre un feu ajusté (nécessité de nos exercices de perfectionnement à l'exécution du bond de 50 mètres).

Si nous sommes appuyés par l'artillerie, marchons pendant qu'elle tire. Les points de chute de ses obus nous indiqueront où notre attaque a le plus de chance de réussir avec un minimum de pertes. Si notre cavalerie charge, au lieu de la regarder, profitons de ce que l'attention de l'ennemi est détournée de nous pour gagner du terrain en avant.

La *Marseillaise* indique l'approche de l'assaut, tout le monde doit se porter en avant; la sonnerie de la charge et le cri de « en avant » indiquent le moment de l'assaut. Exerçons nos hommes à pousser bien ensemble le cri de « en avant »; que les troupes en arrière crient aussi pour faire sentir aux camarades leur approche, mais sans se désunir.

La force, l'ensemble des cris, sont de haute importance, surtout dans les combats de bois et les combats de nuit.

Que tous les clairons, les tambours disséminés auprès des capitaines, des commandants, répètent la sonnerie de la charge.

Que tout chef isolé cherche à se conserver le plus longtemps possible, dans la main, jusqu'au coup final, une troupe disponible; s'il n'en a plus, qu'il cherche à s'en reformer une.

L'offensive seule donne des résultats, mais n'oublions pas que la défensive, ordonnée par le chef en un point ou en un moment donné, est souvent le seul moyen de prendre et conserver l'offensive ailleurs ou plus tard.

Si l'ennemi est surpris en marche, en manœuvre, attaquons-le sans arrêter, sans lui laisser reprendre pied; si nous le trouvons installé, procédons prudemment, et qu'un combat d'avant-garde, de reconnaissance précède notre attaque.

Sur la défensive, tant qu'on n'est pas à portée décisive, employons peu d'hommes avec beaucoup de cartouches; tenons le reste abrité, puis, quand l'ennemi arrivera à bonne portée, à distance d'assaut, amenons notre paquet intact, magasins pleins, baïonnette au canon; rafalons l'assaillant et sautons dessus tout de suite, pour profiter de la surprise.

Dans des tranchées, faisons approvisionner le magasin, l'homme complètement à l'abri; pour tirer : debout, rafale.

Dans les bois, marchons en petites colonnes d'escouades, avec des patrouilles de reconnaissance, loin, et des patrouilles de sûreté, à distance de vue. Si nous rencontrons l'ennemi, déploiement immédiat, rafale à répétition, à la baïonnette. Les réserves se couchent pendant la durée du feu et se précipitent en avant, par petites colonnes, pour appuyer l'assaut.

Contre la cavalerie, faire face à elle de suite, mais si elle est à plus de 400 mètres, ne pas commencer le feu; approvisionner, mettre l'arme au pied. A 400 mètres, faire feu de magasin. Les tirailleurs isolés se couchent et laissent passer.

Rappelez-vous que neuf cent quatre-vingt-dix-neuf fois sur mille, quand vous êtes isolés, la formation en losange est la meilleure; quand vous êtes à une aile, la formation en échelons (ceci est vrai pour une escouade comme pour un régiment).

Pour le service de sûreté, ne placez pas trop loin la nuit des sentinelles, même doubles. A plus de 400 mètres, mettez à quelques pas, non derrière la sentinelle, mais sur le côté, sa pose, c'est-à-dire six ou huit hommes. Ne mettons pas les sentinelles exactement sur les chemins où elles seraient facilement enlevées, mais à quelques pas sur le côté. Servons-nous de nos fils de fer, mettons-en à quelques mètres en avant de la sentinelle; c'est une sécurité pour elle.

Défendons aux sentinelles de tirer sans nécessité absolue et sans la certitude que l'ennemi est là.

Faites le service de quart; c'est tout ce qu'on

peut exiger. Mieux vaut trois hommes qui dorment et un bien éveillé que quatre somnolents.

N'oublions pas notre système d'embuscades offensives, à proximité des chemins d'accès; c'est la garde la meilleure, mais il faut des gradés et des hommes exercés; faites souvent ces exercices d'embuscades, chaque fois que vous faites un exercice de nuit; il vous faut dans chaque compagnie trois ou quatre gradés et une douzaine d'hommes très exercés.

Ne perdons pas de vue le dressage de nos éclaireurs; de bons éclaireurs sont la force d'une compagnie. Faites souvent sortir, de jour et de nuit, des patrouilles d'éclaireurs sans sacs qui iront à 20 ou 25 kilomètres, de façon à ce qu'ils opèrent en dehors de la zone trop connue d'eux.

Ne perdons pas l'habitude des reconnaissances de sous-officiers, avec renseignements fermes à rapporter : viabilité de tel ou tel chemin, nature d'un ruisseau...

Rappelez-vous le principe : on ne s'arrête pas pour se fortifier, mais on se fortifie quand on s'arrête.

N'oubliez pas nos tranchées à la charrue, pour faciliter le travail ou créer des simulacres de retranchements.

N'oubliez pas que mieux vaut pas de tranchées qu'une tranchée trop visible pour l'artillerie. Donc, recouvrez vos tranchées de gazon, de feuilles, etc.

Si vous avez le temps, faites des bonnettes, sans cela vos hommes tireront en l'air.

Lisez et méditez « Ardant du Picq » d'abord, lisez d'autres bons livres ensuite : l'étude des faits de guerre seule peut remplacer dans une certaine mesure l'expérience de guerre qui nous manque. Cette étude a suffi à l'armée prussienne de 1866 et de 1870 pour vaincre, après une période de cinquante ans de paix, des armées qui avaient fait la guerre, mais qui ne l'avaient pas étudiée. Enfin, quand le moment sera venu, souvenez-vous que vous êtes du 35e, du régiment d'Aquitaine, les descendants des vainqueurs de Wagram, de la Moskowa, d'Alger, de Sébastopol, des glorieux combattants de Champigny.

Allez-y gaiement; ceux qui se trouveront en face de vous préféreront être ailleurs.

LA MANŒUVRE

Une étude théorique de la manœuvre est-elle nécessaire à l'officier, lui est-elle même utile?

La manœuvre est un art comme la peinture, la musique, l'équitation, et des arts s'apprennent non par l'étude des théories, mais par la pratique.

D'ailleurs, beaucoup d'officiers manœuvrent et manœuvrent bien, sans avoir étudié la théorie de la manœuvre.

Cette théorie n'est donc pas indispensable; est-elle utile? Ce n'est pas dans des traités que des débutants apprendront la peinture, la sculpture, l'équitation, c'est vrai, mais ceux qui possèdent déjà la pratique et veulent devenir de véritables artistes étudient avec intérêt la théorie de leur art et y trouvent du profit.

De même, la théorie de la manœuvre, inutile à ceux qui ne savent pas manœuvrer, sera profitable à ceux qui savent, mais veulent augmenter leur savoir. En effet, la théorie rend plus nets les principes possédés et appliqués inconsciemment; elle éclaire l'expérience du passé; elle facilite l'expérience de l'avenir.

Toute étude théorique devant commencer par une définition, nous définirons la manœuvre : « L'art d'employer des moyens donnés pour l'obtention d'un but voulu. » Cette définition très générale s'applique non seulement à la manœuvre militaire, mais encore à toutes les manœuvres de la lutte pour la vie; aussi ne faut-il pas s'étonner si les principes généraux de la lutte guerrière sont les mêmes que ceux de toute lutte d'espèce quelconque; la guerre en effet n'est qu'un mode particulier de l'activité humaine.

La manœuvre n'est qu'un emploi de forces, elle n'est donc pas une force par elle-même. Les théoriciens du dix-huitième siècle se trompaient quand ils espéraient vaincre par la manœuvre seule. Se placer sur les communications de l'ennemi est une manœuvre qui peut être heureuse si l'ennemi renonce à la lutte ou est vaincu, mais elle n'assure pas le succès par elle-même, car l'ennemi peut être le plus fort et battre la troupe qui a voulu le couper. Les Autrichiens à Rivoli, Vandamme à Kulm, en ont fait la cruelle expérience. Le succès à la guerre, en face d'un ennemi décidé à combattre, n'est obtenu que par la lutte sanglante, et la manœuvre guerrière n'a pour but que de livrer les batailles dans les meilleures conditions; c'est la manœuvre pour la bataille.

La manœuvre emploie des forces données; elle ne crée pas les forces. Le succès n'est donc pas un critérium absolu de la valeur de la manœuvre. La manœuvre peut échouer, non parce que la manœuvre est mauvaise, mais parce que les forces employées sont trop faibles. En 1814, Napoléon échoue non parce qu'il manœuvre mal, mais parce que les forces dont il dispose sont trop faibles (1).

La manœuvre emploie les forces pour l'obtention d'un but voulu.

---

(1) Soient F l'ensemble des forces dont on dispose, M l'habileté de la manœuvre, F' et M' les forces et l'habileté de l'adversaire. La comparaison entre les produits F M et F' M' décidera du succès.

Remarquons que, si l'un des facteurs F ou M est très petit, alors que l'autre ne peut pas croître indéfiniment, le produit est très petit. Une habileté manœuvrière très grande ne peut pas compenser une infériorité en forces trop considérable.

La première condition pour qu'il y ait manœuvre est donc qu'il y ait un but et un but voulu.

Il semble que ce soit chose toute naturelle; c'est cependant chose rare. C'est qu'il ne faut pas confondre volonté et désir. On désire toujours quelque chose; on désire même plusieurs choses, et c'est pour cela qu'on n'en veut aucune. On ne peut vouloir qu'une chose à la fois, sinon la volonté n'est qu'un désir. Encore ne suffit-il pas de vouloir une seule chose, il faut la vouloir jusqu'à ce qu'on l'ait obtenue; sinon la volonté n'est qu'une velléité. Le désir, la velléité sont la négation de la volonté.

Nous voyons, en 1870, le commandement français impuissant à se fixer un but, hésiter entre l'offensive et la défensive, sans jamais se décider pour l'une ou pour l'autre. A Wissembourg, à Spicheren, par exemple, nous combattons, mais sans but. Si on voulait vaincre, il fallait rassembler toutes les forces à proximité et attaquer; si on voulait gagner du temps, il fallait se retirer avant d'être accroché et tourné.

Mêmes velléités, mêmes désirs, même manque de but à l'état-major russe en Mandchourie. On désire rassembler les forces avant de combattre, mais en même temps on désire empêcher les Japonais de passer le Yalou, on désire secourir Port-Arthur avant que ces forces soient rassemblées. Sans un but arrêté, unique, voulu, il n'y a pas d'action, mais réaction à toutes les excitations de l'ennemi; on se bat sans but, simplement pour résister à l'ennemi qui attaque. La manœuvre n'existe pas.

Il ne suffit pas de vouloir, il faut vouloir quelque chose de possible. C'est à l'intelligence de déterminer les possibilités, les chances de réussite. La volonté non éclairée n'est que de l'entêtement.

Vouloir des choses possibles ne veut pas dire vouloir des choses faciles, car les choses difficiles seules valent en général la peine d'être voulues.

Il appartient à l'intelligence de peser les chances, de prévoir les difficultés. Toute opération comporte des risques, risques d'autant plus grands que l'opération promet plus de résultats. Qui ne veut pas risquer de perdre ne doit pas jouer. Savoir choisir entre de graves inconvénients est l'indice d'une volonté, d'une âme de chef.

Les difficultés inattendues arrêtent l'imprévoyant ; les difficultés attendues et consenties ne font qu'exciter et fortifier la volonté de celui qui les a fait entrer dans ses calculs.

Avant de se décider, il faut peser : *Wägen, dann wagen,* peser puis oser, dit le proverbe allemand.

Il faut que les risques ne soient pas en disproportion avec les résultats. On doit accepter de grands risques, mais à condition de chercher de grands succès. L'escrimeur peut à bon droit risquer le corps pour toucher au corps, mais ce sera en général le fait d'un débutant que de découvrir le corps pour chercher à toucher la main.

Une fois le but choisi, les difficultés, les risques acceptés, tout doit tendre à l'obtention de ce but.

Mais tendre vers un but ne veut pas dire aller droit à ce but ; en géométrie seulement, la ligne droite est toujours le plus court chemin d'un point à un autre.

Des obstacles barreront la voie directe qui nous mènerait au but et nous imposeront des détours, des cheminements impossibles à prévoir d'avance. Celui qui, la nuit, veut sortir d'une forêt, a dit Bismarck, oriente sa marche

sur les étoiles; il ne sait ni en quel point, ni
par quels sentiers il atteindra la lisière. Mais,
contournant les fourrés, évitant les marécages,
ses détours le ramènent toujours vers le but,
et il finit par déboucher dans la plaine.

Aucun pas ne doit être perdu. Certains
seront en dehors de la direction, mais, malgré
cela, rapprocheront toujours du but. Il faut
aussi que chaque pas en avant soit fait en
partant d'une base solide. Le chasseur au
marais, dit encore Bismarck, ne porte son
pied droit en avant que quand son pied
gauche est sur un terrain ferme.

Supposons que, placés en A, nous ayons
reçu l'ordre d'attaquer l'aile de l'ennemi sup-
posée en B. Notre but est l'aile de l'ennemi;
notre direction le point B. Irons-nous droit
de A en B; probablement non, car nous aurons
à chercher le cheminement le plus commode,
l'itinéraire le mieux défilé; le chemin détourné
que nous prendrons nous éloignera, il est vrai,
de la direction, mais nous rapprochera du
but. Sur notre droite nous rencontrons un
village C occupé par l'ennemi. Faut-il l'attaquer? Oui, s'il nous empêche d'aller à notre
but; mais, pour attaquer ce village solidement
organisé, il faut de l'artillerie encore plus à

droite en D. Cette position de l'artillerie est sous le feu d'un bois E, occupé par l'ennemi. Il va donc falloir enlever le bois E, puis amener de l'artillerie en D, puis enlever le village C, ensuite seulement nous pourrons aller attaquer

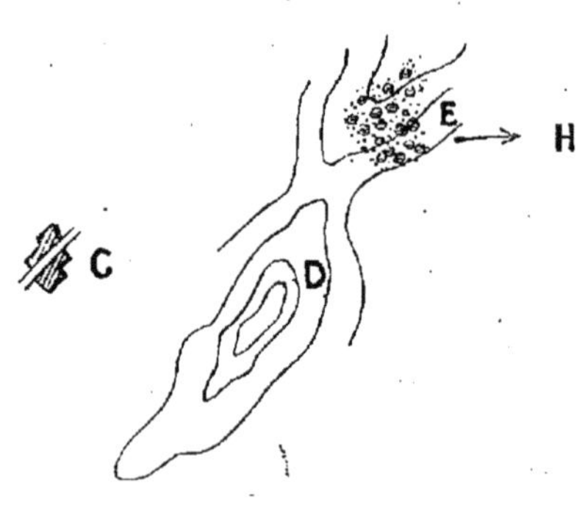

l'aile ennemie en B. Toutes ces opérations sont rationnelles, car toutes, si elles nous éloignent de la direction, nous rapprochent du but. Il y aurait faute seulement si, après avoir enlevé le bois E, indispensable pour placer notre artillerie, nous voulions continuer notre succès dans la direction H.

Cet exemple permet de voir nettement la distinction entre le but toujours poursuivi et la direction qui n'est qu'un moyen pour arriver à ce but. Si nous apprenons que l'aile ennemie n'est pas en B, mais ailleurs, en M par exemple, ce n'est plus sur B qu'il nous faudra marcher, mais sur M, pour atteindre l'aile ennemie, notre but, en négligeant la direction B qui n'était qu'un moyen.

On blâme et avec juste raison les objectifs géographiques, car l'objectif ne doit être autre que l'ennemi.

Mais la direction est toujours prise sur un point géographique.

Quand Moltke dit : « Je marcherai sur Paris », il prend un point de direction géographique. Mais Paris n'est pas son but; il l'explique ensuite quand il dit : « L'armée française devra se mettre entre moi et Paris et je l'attaquerai tout en marchant sur Paris, ou elle se placera sur mon flanc, et alors je marcherai sur elle en la débordant et la coupant de Paris. »

L'armée française reste donc bien l'objectif unique de Moltke, au moins pendant toute la première partie de la campagne (il le prouve par sa manœuvre de Sedan).

Si dans la deuxième partie Paris devient l'objectif principal, c'est que Moltke considère que Paris avec les forces qu'il contient est le centre de gravité des forces françaises; toute armée française aura nécessairement pour but la délivrance de Paris.

Le but est toujours unique; mais pour l'atteindre on cherche d'abord d'autres buts accessoires; on décompose ainsi l'opération: aller au but final qu'on ne perd pas de vue et à l'obtention duquel convergent tous les efforts successifs faits pour atteindre les buts intermédiaires.

Si le but est unique, si on a la volonté ferme de l'obtenir, on y emploiera nécessairement toutes les forces dont on dispose. Mais il n'est pas ordinairement possible de les y faire toutes concourir directement.

Supposons une guerre entre la France d'un côté, l'Allemagne et l'Italie de l'autre. Le but indiqué est de battre les Allemands, car la victoire remportée sur eux semble devoir amener le succès dans l'ensemble. Doit-on pour cela employer toutes les forces contre l'Allemagne? Non, car si on ne laissait personne en face des Italiens, ceux-ci, pénétrant dans le pays, viendraient nous attaquer et interviendraient directement dans notre bataille contre les Allemands; de plus, la simple occupation par eux d'une grande zone de pays nous priverait de ressources utiles pour la lutte décisive. Les forces employées contre l'Italie concourront donc, quoique indirectement, à la lutte contre les Allemands, but principal. Mais la quantité de force employée à la mission indirecte doit être réduite au minimum. Elle n'a pas comme raison d'être la victoire à rechercher sur les Italiens, mais le gain strict du temps nécessaire pour qu'ils n'interviennent pas dans la lutte contre les Allemands. Toute force non indispensable à ce but serait mal employée.

Pour prendre un exemple tactique plus simple, supposons qu'avec un régiment rouge nous devions attaquer un ennemi bleu de force à peu près équivalente; supposons aussi qu'on nous signale à une certaine distance, hors de portée de canon, à une dizaine de kilomètres par exemple, un autre bataillon ennemi.

Devons-nous négliger cet ennemi ? Non. Notre but est bien la défaite du régiment bleu; nous y consacrerons la totalité de nos forces, mais nous ne pouvons les y consacrer toutes directement, car, si nous négligeons le bataillon, celui-ci peut intervenir dans la lutte et empêcher le succès. Mais faut-il opposer un bataillon à ce bataillon? Non, car nous nous priverions *certainement* d'un bataillon dans l'action principale pour empêcher l'intervention *hypothétique* d'une force égale. Que faut-il faire? Cela dépendra des circonstances, mais il faudra certainement y employer le minimum, une compagnie, une section, quelques cavaliers pour observer, s'ils suffisent pour empêcher l'intervention de ce bataillon dans la lutte principale.

Ce principe, employer tout à l'obtention du but unique cherché et, dans ce tout, employer *la plus forte partie possible directement, et la plus faible possible indirectement*, est le principe appelé l'économie des forces.

C'est ce principe, dans l'application duquel il était passé maître, qu'on admire dans la stratégie et dans la tactique de Napoléon. Non seulement toutes ses forces concouraient à l'obtention du but principal directement ou indirectement, non seulement celles qui n'y concouraient qu'indirectement étaient réduites au minimum, mais encore elles étaient disposées, échelonnées de telle sorte que souvent, après avoir indirectement concouru au succès, elles étaient encore ramenées au dernier moment pour y concourir directement (dispositif stratégique de novembre 1805 et Austerlitz).

Le terme « économie des forces » a été quelquefois mal compris, le mot économie étant pris dans le sens ordinaire, action de ménager. L'expression *inégale répartition* des forces prêterait moins à la confusion.

L'égale répartition des forces est le signe certain d'absence de manœuvre. Si une brigade attaque avec deux bataillons à droite, deux bataillons au centre, deux bataillons à gauche, elle pourra triompher par la valeur des exécutants, mais la manœuvre, l'habileté du chef n'y seront pour rien.

L'inégale répartition des forces peut être opérée de deux manières.

Elle peut l'être *a priori* ; ainsi la brigade peut attaquer avec un bataillon à gauche, un au centre, quatre à droite.

Elle peut aussi l'être *a posteriori* : la brigade met trois bataillons en première ligne, trois sont réservés pour produire au moment voulu l'inégale répartition des forces.

Les deux méthodes ont leurs avantages et leurs inconvénients. La première, le plus généralement employée dans l'offensive straté-

gique, a le grand avantage de tendre immédiatement à imposer notre volonté à l'ennemi; par
contre, insuffisamment éclairé, on peut avoir
porté l'effort dans une mauvaise direction et
s'en apercevoir trop tard. Avec la seconde, on
réserve la manœuvre, mais il y a lieu de
remarquer que la manœuvre n'est qu'en puissance jusqu'au moment où on se décide à
porter dans une direction la masse des forces.
Or, il est toujours à craindre que la manœuvre
ne reste en puissance et ne devienne pas une
réalité. Ainsi, dans le cas d'une brigade avec
trois bataillons réservés, il pourra arriver que
ces trois bataillons soient successivement
envoyés l'un à gauche, le deuxième à droite,
le troisième au centre et qu'on en revienne
ainsi à l'absence de manœuvre. Tous les chefs
n'ont pas, comme Napoléon, la ténacité nécessaire pour « s'engager partout, laisser aller les
choses sans s'inquiéter des demandes de ren-
fort et agir avec une masse quand l'ennemi
a dépensé ses forces ».

La manœuvre a un but; pour l'obtenir, il
faut agir; agir, c'est attaquer ; se défendre
n'est que réagir contre l'action offensive.

La manœuvre est donc nécessairement
offensive dans son but et dans sa terminaison.

Il faut donc attaquer, mais attaquera-t-on partout et toujours? Il est toujours possible de prendre l'offensive, c'est affaire de décision, mais on ne peut garder l'offensive que si on est le plus fort.

Le faible trouve toujours un supplément de force dans la défensive. Une troupe qui ne peut plus avancer peut encore se défendre.

Or, dans toute manœuvre, on cherche à être le plus fort possible quelque part ; on consent donc à être le plus faible ailleurs.

On pourra donc prendre l'offensive partout, mais on sera résigné d'avance à être réduit à la défensive partout, sauf dans la zone où l'on veut remporter le succès.

L'offensive prise partout aura un caractère différent dans la *zone forte* et dans la *zone faible*. Dans la *zone forte*, on est décidé à dépenser jusqu'au dernier homme, jusqu'au dernier obus pour garder l'offensive; dans la *zone faible*, l'offensive n'aura jamais qu'un but, attirer sur soi des forces supérieures qu'on arrêtera le temps nécessaire avec des forces inférieures; là, l'offensive, qui use vite, aura pour limite la nécessité de réserver les troupes nécessaires au combat de durée, au combat défensif.

On voit donc qu'en général le problème d'exécution de la manœuvre se réduira à remporter le plus vite possible le succès dans la zone où on sera fort et à ne pas être battu trop vite dans la zone faible, où on retiendra des forces supérieures avec des forces inférieures.

Cette répartition des forces, cette diversité de missions pour l'obtention du but constitue la manœuvre; le succès dépendra de l'exécution, mais aussi des possibilités d'exécution réalisées par l'auteur de la manœuvre dans le choix de la zone forte et de la zone faible.

Souvent ce choix sera imposé ou du moins influencé par la façon même dont le problème sera posé; toutefois, il n'est pas inutile de rechercher quelles sont les conditions qui se prêtent à la réussite, en permettant de triompher vite là où on a la force et de résister assez longtemps là où on ne l'a pas.

Voyons d'abord quelles sont les possibilités d'un succès rapide là où, étant fort, on est décidé à prendre et à garder l'offensive.

En supposant qu'on soit parvenu à réunir au point voulu des forces supérieures à celles de l'ennemi, le problème n'est pas encore résolu, car de ces forces réunies il faut pouvoir se servir. Non seulement il faut pouvoir s'en servir, mais encore il faut pouvoir s'en servir ensemble; sans cela on n'obtiendra le succès que par l'usure, par des actions successives toujours longues, et par conséquent on n'obtiendra pas le succès rapide que l'on cherche et qu'il faut obtenir; en effet, plus on amène de forces au point voulu, moins on en a laissé ailleurs et par conséquent plus on aura de mal à résister longtemps ailleurs.

Autrefois, il était relativement facile d'user de la supériorité numérique, à cause de la force que donnait l'emploi possible de la colonne.

L'infanterie la plus faible ne pouvait s'étendre, car les tirailleurs, les groupes auraient été ramassés par la cavalerie. Elle était donc rapidement débordée par l'infanterie la plus forte. Dans le cas même où l'infanterie faible avait ses ailes appuyées, elle était encore facilement rompue par une attaque en colonne. Dans la colonne, le premier rang seul souffrait du feu; les autres, s'ils étaient décidés à avancer, arrivaient sur l'ennemi avant qu'il eût pu recharger ses armes. La lutte entre deux infanteries d'inégale force pouvait donc être rapidement terminée.

L'opération devenait encore plus rapide s'il

y avait supériorité d'artillerie du même côté
que supériorité d'infanterie. La lutte d'artillerie précédait la lutte d'infanterie; les deux
artilleries se découvrant bien l'une l'autre,
l'artillerie la plus forte parvenait rapidement
à prendre la supériorité sur la plus faible, lui
démontait ses pièces ou la contraignait à la
retraite.

Il ne peut plus en être ainsi aujourd'hui : les
deux artilleries seront plus ou moins cachées, la
plus forte pourra pendant un temps donné
neutraliser la plus faible, elle ne pourra que
rarement la détruire.

Quant à l'infanterie, elle ne peut plus se
mouvoir en colonne, elle ne peut plus avancer
que si elle a la supériorité du feu. Or, depuis
l'introduction des armes se chargeant par la
culasse et du tir couché qui en est la consé-
quence, le maximum de fusils agissant ensemble est la proportion d'un fusil par mètre
courant. Tout ce qu'on aura de plus en infanterie ne peut que recevoir des coups, mais
non agir; c'est une force en puissance, une
force de remplacement, mais non une force
agissante.

On peut observer en outre que l'infanterie
de la défense aura la plupart du temps l'avan-

tage de l'abri, qu'en tout cas elle pourra utiliser d'une façon continue la position couchée, qu'elle sera plus facilement réapprovisionnée en munitions, qu'en résumé elle sera moins vulnérable et aura un tir meilleur.

L'infanterie assaillante, quelle que soit sa supériorité en force disponible, ne pourra donc déployer des moyens supérieurs ni même souvent égaux à ceux de l'infanterie de la défense. Sa supériorité ne pourra lui servir qu'à remplacer plus rapidement ses pertes, à maintenir plus constamment et plus longtemps une ligne de feu plus dense, donc à obtenir le succès *lentement* et à condition que les éléments de remplacement ne soient pas découragés par les pertes de ceux qui les ont précédés.

Pour pouvoir se servir de sa supériorité de moyens, il faut que l'assaillant puisse mettre en ligne simultanément un nombre de fusils supérieur à celui de la défense; pour cela, il n'y a qu'un moyen, si le défenseur, quoique plus faible, dispose cependant d'un fusil par mètre ou d'un nombre approchant, c'est l'*enveloppement*.

L'enveloppement a toujours été recherché, mais il est incontestable qu'il a pris une valeur bien plus grande qu'autrefois.

Supposons, il y a un siècle, une ligne de bataille BC, d'un développement de 2 à 3 kilomètres, menacée de l'enveloppement et obligée de constituer un crochet défensif AB. Quelle était sa situation? Elle avait affaire à une ligne de fantassins de front sensiblement égal et qui ne pouvait ouvrir le feu qu'à une centaine de pas, à une ligne de canons placée à 700 ou 800 pas, et de développement peu différent. Le sommet de l'angle était un point un peu plus faible que les autres sur une étendue de quelques mètres, le terrain intérieur compris entre les deux côtés de l'angle n'était pas sensiblement mieux battu, du moins par les feux de l'infanterie, que les derrières d'une position en ligne droite.

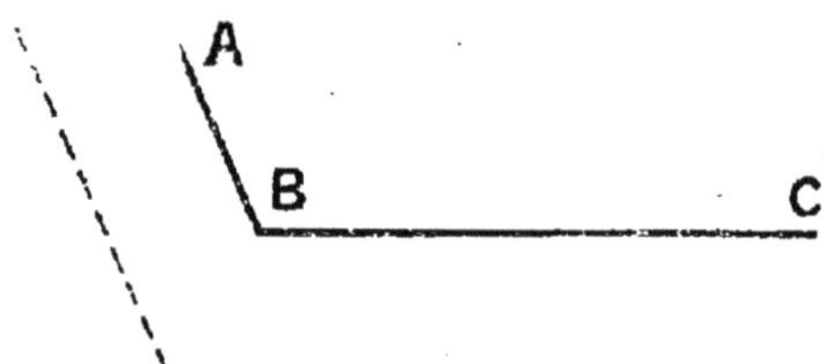

Actuellement il n'en est plus ainsi, car les portées du fusil et du canon s'étendent jusqu'à 2.000 et 5.000 mètres; aux grandes distances, l'enveloppement pourra mettre en action une quantité de fusils et de canons bien plus considérable que celle de l'enveloppé et, *quand l'infanterie sera arrivée aux petites distances,* ses balles battront tout le terrain intérieur. Il est à remarquer que la défense, qui actuellement tire son avantage le plus grand de la protection, perd cet avantage par l'enveloppement, car les crêtes, les tranchées, les boucliers, n'abritent que dans une direction; le terrain intérieur deviendra intenable. Les troupes de la défense placées en première ligne sur les côtés de l'angle seront aussi en très mauvaise posture, car non seulement elles ne seront plus abritées, mais encore les erreurs en portée qui rendent souvent inefficace le feu d'une infanterie émue, ne diminueront que très peu les effets du feu enveloppant.

Si autrefois on pouvait dire qu'une bonne troupe n'avait ni flancs ni derrières, parce que, attaquée, elle pouvait toujours faire front du côté de l'attaque, on ne peut plus le dire aujourd'hui.

L'attaque sur deux fronts produira maintenant non seulement un effet moral considérable comme autrefois, mais encore un effet matériel extraordinaire.

L'expérience des guerres récentes permet

de préjuger les effets terribles de l'enveloppement dans les guerres de l'avenir. Comparons les batailles de Saint-Privat et de Sedan : la disproportion numérique entre les deux partis est à peu près la même. Mais, à Saint-Privat, la bataille se livre de front ; l'enveloppement n'a lieu qu'à la fin de la journée et ne porte que sur un corps d'armée. A Sedan, l'armée française entière est enveloppée. Aussi, à Saint-Privat les pertes françaises sont-elles de plus d'un tiers inférieures aux pertes allemandes, tandis qu'à Sedan, elle atteignent presque le double en tués et blessés et le quadruple si on fait entrer en ligne de compte les prisonniers faits au cours de la lutte. Si la lutte s'était prolongée, la disproportion des pertes n'eût fait que s'accroître ; avec les armes actuelles, une bataille, où une armée se laisserait envelopper comme celle de Sedan, serait terminée encore bien plus rapidement et avec des pertes relatives beaucoup plus fortes pour l'enveloppé. A Majuba, les Anglais, en nombre égal aux Boers, occupent une position très forte ; ils sont vaincus par l'enveloppement, ils perdent 240 hommes, les Boers 7. A Spion Kop, les Anglais, encore très supérieurs en nombre (3.000 environ contre 450 Boers), sont obligés d'évacuer leur position parce que, enveloppés sur deux faces par les Boers, leurs bataillons resserrés dans un espace étroit souffrent d'une fusillade très meurtrière et ne peuvent utiliser qu'une faible partie de leurs forces; ils perdent 739 hommes, les Boers 200.

Des détachements même très faibles parvenus sur le flanc produisent des résultats d'une importance disproportionnée à leur effectif. Ce fait nouveau a pour origine les perfectionnements de l'armement. Qu'aurait pu faire autrefois un groupe d'une vingtaine de fantassins sur le flanc d'un bataillon? Obligés de se rapprocher à une centaine de pas pour agir, ils auraient été, après une seule décharge, chassés par un groupe un peu supérieur, lancé contre eux. Il n'en est plus de même aujourd'hui. Un groupe faible par son nombre est fort par la quantité de balles qu'il peut envoyer en peu de temps; pouvant tirer de loin, il ne peut rapidement être contraint à la retraite. En 1870 déjà, à Saint-Privat, c'est le feu d'un peloton prussien parvenu sur leur flanc qui décide la retraite des défenseurs placés en avant de Saint-Privat; pendant la guerre de Mandchourie, le feu de patrouilles japonaises ayant gagné le flanc a fait maintes fois évacuer des tranchées russes devant lesquelles avaient échoué les attaques les plus énergiques (1).

L'enveloppement sera donc toujours recherché par celui qui disposera de la supériorité; c'est le moyen le meilleur pour lui d'utiliser cette supériorité. S'il ne peut gagner l'aile, il pourra souvent encore attaquer sur deux fronts un saillant de la ligne ennemie, car une position un peu longue ne peut être en ligne droite. De cette façon encore, il parviendra à mettre en action plus de fusils que l'adversaire.

Toutefois, de front, l'assaillant qui a la supériorité peut l'utiliser pour obtenir un succès rapide, mais à la condition d'avoir la supériorité non en infanterie seulement, mais en infanterie et en artillerie.

En effet, si, dans la lutte d'artillerie contre artillerie, l'artillerie la plus forte ne peut plus comme autrefois venir rapidement à bout de l'artillerie la plus faible, par contre, grâce à ses longues portées et à la précision de son tir,

---

(1) Voir le *Journal de route du général Hamilton pendant la guerre russo-japonaise*. Traduit par le lieutenant VERDET. Deux volumes avec planches, cartes et vues, 1909. Berger-Levrault, éditeurs. 20 fr.

elle est plus à même d'appuyer l'infanterie. Autrefois, elle préparait les attaques de l'infanterie, maintenant, grâce à la facilité du tir par-dessus les troupes, elle les accompagne.

L'action de l'artillerie contre l'infanterie de la défense peut seule donner à l'attaque de front (contre une infanterie de valeur égale) la supériorité de feu indispensable pour avancer jusqu'à distance d'assaut.

L'artillerie n'est pas une arme offensive, mais elle est l'arme indispensable de l'offensive.

Pour que l'infanterie triomphe vite, il faut que l'artillerie qui l'accompagne puisse, tout en neutralisant l'artillerie ennemie, battre le front d'attaque. Là où cette condition sera réalisée, le succès de l'attaque de l'infanterie pourra être aussi rapide qu'autrefois.

Mais, pour qu'elle soit réalisée, il faut : 1° que l'artillerie plus nombreuse de l'assaillant dispose d'emplacements suffisants; 2° que les batteries ou leurs chefs aient des vues sur l'infanterie ennemie.

Donc on choisira les zones d'attaque d'après les possibilités d'artillerie, c'est-à-dire là où on pourra en déployer beaucoup plus que l'ennemi; les points d'attaque de l'infanterie seront déterminés par la possibilité de battre ces points avec le canon. Les parties du front que l'artillerie pourra battre seront celles où se dirigera l'infanterie; on peut dire que celle-ci courra vers les points de chute des obus.

La supériorité d'une arme sur une autre ne constituera donc plus la véritable supériorité de forces; pour être le plus fort quelque part, il faudra pouvoir, là, mettre en activité à un moment donné deux armes contre une.

Un bataillon ennemi contre lequel les attaques d'un régiment auront été impuissantes sera peut-être facilement vaincu par un bataillon appuyé par une ou deux batteries.

Le progrès amène la spécialisation et aucune arme, quelque forte qu'elle soit, ne peut plus en remplacer une autre.

Si on a la supériorité d'infanterie, mais sans pouvoir appuyer celle-ci par de l'artillerie et sans pouvoir agir par enveloppement, le succès pourra encore être obtenu, mais au prix de pertes sanglantes et en employant plus de temps. Il faudrait alors recourir aux attaques de nuit pour enlever les postes avancés et aux manœuvres de nuit qui permettent de se rapprocher de l'ennemi et de traverser plus facilement les zones battues.

Possibilité d'enveloppement d'une aile, d'enveloppement d'un saillant, d'attaque simultanée d'une partie du front par deux armes contre une, telles sont donc les conditions qu'on recherchera dans la zone où l'on veut obtenir la décision.

Passons au deuxième côté, moins brillant, mais aussi nécessaire de la manœuvre.

Puisqu'on a voulu être fort quelque part, on a consenti à être faible ailleurs, donc réduit à la défensive, puisque la défensive, qui ne donne pas de résultats positifs, donne par contre au faible un supplément de force *pendant un temps et sur une étendue limités.*

Il s'agit pour la défensive non de vaincre, mais de n'être vaincu que lentement; *gagner du temps,* tel est le but unique du défenseur, mais gagner du temps contre des forces supérieures, car, si on a affaire à des forces plus faibles, on devrait attaquer.

On comprend donc que même dans les parties faibles on attaque pour attirer sur soi l'ennemi et l'empêcher d'aller ailleurs; mais l'offensive qu'on prend est limitée et sa limite est marquée d'abord par le manque de forces et ensuite par la nécessité de durer. Or, l'offensive use les forces plus vite que la défensive;

un régiment qui, contre des forces supérieures, eût tenu une journée sur la défensive, peut être détruit en moins d'une heure dans une offensive imprudente.

Dans les zones où on est le plus faible et où on ne cherche pas la décision, l'offensive n'est pour ainsi dire qu'un procédé de défensive : attaquer pour se faire attaquer ou attaquer pour intimider l'ennemi et l'empêcher d'attaquer.

Pour gagner le temps voulu, on peut avoir la latitude de perdre du terrain; c'est la manœuvre en retraite. On peut au contraire être dans la nécessité de se maintenir sur le terrain occupé; c'est la défensive sur place. Souvent d'ailleurs, les deux procédés seront employés successivement, et à la manœuvre en retraite succédera la défensive sur place.

L'offensive ayant, nous l'avons vu, comme procédés de réussite rapide, la surprise, l'enveloppement, la réunion de deux armes contre une, il s'ensuit nécessairement que le jeu de la défense doit être d'éviter les circonstances favorables à l'offensive.

Pour éviter la surprise, elle aura son service de découverte et de sûreté.

Pour éviter l'enveloppement, elle aura encore la sûreté sur les flancs, puis la disposition de ses forces en échelons débordants, enfin, elle pourra avec moins de danger qu'autrefois étendre son front grâce aux avantages que donne au défenseur le nouvel armement dans le combat de front.

La manœuvre en retraite ne pouvait que difficilement s'exécuter autrefois en raison de la courte portée des armes. Toutefois, au temps du premier Empire, on faisait, en déployant toutes ses forces, mine de vouloir résister. L'adversaire alors arrêtait ses avant-gardes, serrait ses colonnes, les déployait et, quand il allait passer à l'attaque, le défenseur avait disparu en se formant en plusieurs colonnes et sous la protection de sa cavalerie (1).

Actuellement, la longue portée des armes et la précision du tir forcent de loin l'assaillant à prendre des dispositions, à se déployer ; la rapidité du tir permet à un petit nombre de pièces ou de fantassins, disposant de beaucoup de munitions, de produire un effet de feux égal à celui de troupes beaucoup plus nombreuses ; l'absence de fumée rend très longues

---

(1) La division Dupont dans la campagne précédant Eylau, Ney dans la retraite de Portugal.

les reconnaissances de l'assaillant et permet au défenseur de dissimuler sa faiblesse numérique. Faire déployer l'adversaire, le forcer à marcher déployé, à faire prendre des dispositions successives à son artillerie sans se laisser accrocher et entraîner à un combat de décision : tel est le but de la manœuvre en retraite.

Donc, en pays couvert, des embuscades agissant sur les flancs forceront l'assaillant à changer de direction, à se déployer à faux; l'occupation des défilés le forcera à de longs mouvements tournants, à des marches sous bois ou à travers des terrains difficiles. En pays découvert, on utilisera l'arme à portée longue, l'artillerie; on recherchera pour elle les positions dominantes avec des vues étendues; on commencera le feu de loin. On adjoindra à l'artillerie beaucoup de cavalerie pour déjouer à temps les mouvements enveloppants; peu d'infanterie, simplement comme soutien d'artillerie ou de cavalerie, car trop forte, l'infanterie serait tentée d'accepter la lutte rapprochée.

On ne doit pas compter que les mêmes troupes suivies par l'ennemi pourront reprendre une nouvelle position, mais on aura plusieurs échelons se recueillant les uns les autres avant d'arriver à la position d'arrêt, s'il y en a une.

Pour la lutte sur la position d'arrêt, les procédés seront différents, du moins en ce qui concerne la lutte sur le front, car la protection sur les flancs restera toujours aussi indispensable.

Il faut admettre évidemment que, si on reste sur la défensive, c'est qu'on est faible, faible en infanterie, faible en artillerie.

Ce qu'il faut rechercher comme dans toute lutte décisive, c'est le triomphe de l'infanterie. Dans la situation considérée, il faut qu'elle puisse longtemps conserver sa position. Si elle prenait des positions dominantes, elle aurait, il est vrai, de beaux champs de tir et pourrait faire un long usage de son feu. Mais elle serait en prise à l'artillerie enncmic, donc seule contre deux armes, car l'artillerie ennemie supérieure conserverait toujours des pièces disponibles pour frapper notre infanterie. L'infanterie de la défense recherchera les positions où elle pourra lutter seule à seule contre l'infanterie ennemie, ce qu'elle pourra, même très inférieure, faire longtemps avec succès, puisqu'elle combattra abritée avec les avantages de la défensive. Elle n'exigera pas de son artillerie, comme dans l'offensive, aide contre l'infanterie ennemie, mais elle lui demandera seulement protection contre l'artillerie adverse.

On recherchera donc pour l'infanterie des positions basses. Pour les battre, l'artillerie adverse devra se montrer, donc se mettre en état d'infériorité devant notre artillerie plus faible, mais qui pourra conserver son défilement, puisqu'elle ne cherchera pas avant tout, comme l'artillerie de l'attaque, à prendre sous son feu l'infanterie opposée.

Ainsi, une position d'infanterie trouvée à 800 ou 1.000 mètres d'une crête ou d'une lisière de bois sera excellente si elle est appuyée en arrière par l'artillerie. En effet, l'infanterie assaillante seule sera hors d'état de déboucher en face des deux armes réunies et, si l'artillerie essaie de mettre en batterie, elle aussi aura affaire à deux armes réunies.

Il semble que, pour durer, une infanterie faible devra en général sacrifier l'étendue du champ de tir à la nécessité de ne pas être battue par l'artillerie adverse. Toutefois, si son champ de tir devenait trop restreint, il lui faudrait recourir aux défenses accessoires; l'emploi des défenses accessoires qui retardent l'ennemi équivaut en effet pour le défenseur à une augmentation de champ de tir, puisqu'il augmente le temps pendant lequel l'assaillant est soumis au feu de la défense.

On peut reprocher aux positions basses de rendre la retraite difficile; il faudra souvent en effet, pour se retirer, gravir des pentes sous le feu de l'ennemi. Aussi ne doit-on rechercher les positions basses que pour la lutte finale, celle où l'on est décidé à tenir jusqu'au bout. Le danger de la retraite, senti de tous, incitera les défenseurs à déployer plus de ténacité pour se maintenir.

En somme, dans la défensive on cherchera à enlever à l'offensive ses moyens de triomphe rapide : l'enveloppement et la lutte de deux armes contre une.

On se protégera contre l'enveloppement par l'extension du front de surveillance et les échelons. On évitera de lutter avec une arme contre deux; dans la manœuvre en retraite, en se retirant dès que l'infanterie ennemie arrivera aux distances décisives; dans la lutte sur place, en recherchant pour l'infanterie des positions telles qu'elle ne puisse être battue par l'artillerie, au moins par l'artillerie défilée.

On voit donc quelles sont les conditions qui favorisent la manœuvre, qui permettent de triompher rapidement là où on est fort, de résister longtemps là où on est faible. Le chef, après avoir conçu la manœuvre, cherchera à donner à ses troupes les meilleures possibilités d'exécution; mais, pour que la manœuvre réussisse, il faut que les exécutants la comprennent, il faut que chacun connaisse la partie qu'il doit jouer dans le concert.

C'est à ce point de vue que l'étude théorique de la manœuvre peut être utile en fixant dans ses lignes générales le but à atteindre par les exécutants.

NANCY, IMPRIMERIE BERGER-LEVRAULT — AVRIL 1919

LIBRAIRIE MILITAIRE BERGER-LEVRAULT

NANCY - PARIS - STRASBOURG

Des Principes de la Guerre, par le Maréchal F. Foch. 5ᵉ édition. Nouvelle préface de l'auteur, du 1ᵉʳ septembre 1918. Volume grand in-8, avec 25 cartes et croquis, dont 11 hors texte . . . . **15 fr.**

De la Conduite de la Guerre. La Manœuvre pour la Bataille, par le Maréchal F. Foch. 4ᵉ édition. Nouvelle préface de l'auteur, du 1ᵉʳ septembre 1918. Volume grand in-8, avec 13 cartes et croquis . . . , ... **15 fr.**

Préceptes et Jugements du Maréchal Foch. *Extraits de ses œuvres, précédés d'une étude sur la vie militaire du Maréchal,* par le commandant A. Grasset. 1919. Volume in-12, avec un portrait et 4 cartes . . . . . **6 fr.**

Préceptes et Jugements de Napoléon, recueillis et classés par le lieutenant-colonel Ernest Picard. 1913. Un vol. grand in-8 de 615 pages, br. **10 fr.**

Napoléon en campagne, par le colonel Vaché. 1913. Un volume grand in-8 de 224 pages, avec 2 cartes de l'époque impériale et un croquis, br. **4 fr.**

Vaincre. *Esquisse d'une doctrine de la Guerre basée sur la Connaissance de l'homme et sur la Morale,* par le colonel Montaigne :

— Tome I : **Préparation à l'étude de la Guerre.** 1913. Un volume grand in-8 de 268 pages, broché. . . . . **6 fr.**

— Tome II : **Étude de la Guerre.** 1913. Un volume grand in-8 de 268 pages, broché . . . . **6 fr.**

— Tome III : **La Guerre.** 1913. Un volume gr. in-8 de 200 pages, br. **4 fr.**

La Guerre au XXᵉ siècle. *Essais stratégiques,* par le lieutenant-colonel Henri Mordacq. 1914. Un volume in-12, avec 2 cartes in-folio, br. . **3 fr. 50**

Spicheren (6 août 1870), par le général Maistre. Préface du général Langlois, ancien membre du Conseil supérieur de la Guerre, membre de l'Académie Française. 1908. Volume grand in-8, avec 9 cartes et 10 vues panoramiques . . . . **12 fr.**

La Manœuvre de Lützen (1813), par le général Lanrezac. 1914. Volume grand in-8, avec 18 croquis. . . . . , ... **10 fr.**

Essai sur la Doctrine stratégique allemande, *d'après « La Bataille de Cannes » par le feld-maréchal de Schlieffen,* par le capitaine breveté d'état-major M. Daille, Préface du général E. Ruffey, membre du Conseil supérieur de la Guerre. 1914. Un volume gr. in-8, avec 6 croquis, broché. . **2 fr.**

Opinions allemandes sur la Guerre moderne, d'après les principaux écrivains militaires allemands (von Bernhardi, von der Goltz, von Schlieffen, Balck, etc.).

— 1ᵉʳ *fascicule :* **Les Bases de l'Art de la Guerre. Armement et Technique modernes.** 1912. Un volume grand in-8 de 94 pages, br. **1 fr.**

— 2ᵉ *fascicule :* **Méthodes de commandement. Mécanisme des marches. L'Offensive et la Défensive.** 1912. Un volume grand in-8 de 94 pages, broché. . . . . **1 fr.**

— 3ᵉ *fascicule :* **Principes fondamentaux de la Stratégie et de la Tactique. Conduite des opérations. Opérations sur mer.** 1912. Un volume grand in-8 de 100 pages, broché . . . . **1 fr.**

LIBRAIRIE - MILITAIRE BERGER-LEVRAULT

NANCY - PARIS - STRASBOURG

Deux Conférences faites aux officiers de l'État-major de l'armée (février 1911). *La Notion de sûreté. L'Engagement des grandes unités*, par le colonel DE GRANDMAISON. 3e tirage. 1911. Volume in-8, broché . . **1 fr. 25**

Dressage de l'Infanterie en vue du combat offensif, par le colonel DE GRANDMAISON. Avec une préface de M. le général LANGLOIS. 6e tirage. 1916. Un volume in-8, broché . . . . **2 fr. 50**

Nos Frontières de l'Est et du Nord. *L'Offensive par la Belgique. La Défense de la Lorraine*, par le général C. MAITROT. 3e édition, mise à jour en 1915. Un volume in-8, avec 8 cartes et 3 croquis, broché . . **2 fr. 50**

La Guerre, par le général KESSLER. 2e édition, revue et augmentée. 1913. Un volume in-8 de 151 pages, avec une carte hors texte, broché . . **2 fr.**

Essai sur la Bataille. *Principes et Procédés*, par le capitaine E. ALLÉHAUT, breveté d'état-major. — I. *Quelques considérations sur les principes de la guerre. La recherche et la préparation de la bataille.* 1914. Un volume in-8, avec 1 carte et 14 croquis, broché . . . . **6 fr.**

Vers la Bataille. *Réunion des forces. Évolutions stratégiques*, par le colonel G. BECKER, breveté d'état-major. 1910. Un volume in-8, avec 15 cartes hors texte et 1 croquis, broché . . . . **7 fr. 50**

La Bataille. *Conduite stratégique. Exécution tactique*, par le même. 1912. Un volume in-8, avec 8 cartes hors texte et 6 croquis, broché . . **7 fr. 50**

Après la Bataille. *Idées d'avant-guerre. Événements de guerre*, par le même. 1919. Volume in-8 . . . . **2 fr.**

Des Lignes de Tchataldja au Canal de l'Yser. *Kirkilissé-Charleroi — Lule-Burgas-la Marne — Tchataldja-les Flandres*, par ***. 1915. Volume in-8, avec 14 croquis dans le texte, broché . . . . **2 fr.**

La Couverture (*La couverture dans l'offensive stratégique et les tendances allemandes. La couverture dans la défense stratégique. Les entreprises offensives et défensives des troupes de couverture*), par le commandant breveté CULMANN, chef d'escadron d'artillerie. 1914. Un volume grand in-8, avec 14 planches hors texte, broché . . . . **4 fr.**

Études de Tactique appliquée. *Le Combat de toutes armes*, par le général PALAT, commandant la 41e brigade d'infanterie. 1909. Un volume in-8 de 386 pages, avec 4 croquis et 12 cartes hors texte, broché . . **10 fr.**

Exercices pratiques de Cadres. *Programmes et comptes rendus. Service en campagne et méthode d'instruction des cadres*, par le colonel MONSENERGUE. 2e édition, revue et augmentée. 1913. Un volume grand in-8, avec 46 croquis, broché . . . . **3 fr. 50**

Résolution des Problèmes tactiques, par le capitaine AUDIBERT, breveté d'état-major. Édition revue et complétée. 1914. Un volume grand in-8 de 182 pages, avec 6 cartes hors texte, broché . . . . **3 fr. 50**

Le Tir pour vaincre, par le commandant D'ANDRÉ. 1915. Volume in-8 de 296 pages, avec 3 figures et 1 planche hors texte, broché . . **3 fr.**

La Signalisation à portée de fusil dans le bataillon, par le commandant D'ANDRÉ. 1917. In-8, avec 2 planches . . . . **1 fr.**

Le Nouvel Officier d'Infanterie en guerre. *Ce qu'il doit savoir*, par le lieutenant GAIGLET. 3e édition. 1917. In-12 . . . . **1 fr.**

Petit Guide pratique de Guerre pour ma Compagnie (fait au front), par le capitaine HANGUILLART. 1916. Volume in-18 . . . . **0 fr. 80**

9 782014 465563